Entrenamiento para Perros

Entrenamiento para Perros

T.F.H. Publications
One TFH Plaza
Third and Union Avenues
Neptune City, NJ 07753

Printed and Bound in China
06 07 08 09 1 3 5 7 9 8 6 4 2

Library of Congress Cataloging-in-Publication Data
Quick & easy dog training. Spanish.
Fácil & rápido entrenamiento para perros / TFH staff.
p. cm.
ISBN 0-7938-1047-7 (alk. paper)
1. Dogs–Training. I. T.F.H. Publications, Inc. II. Title.
SF431.Q8518 2006
636.7'0835–dc22
2006017981

¡El Líder en el cuidado de animales por más de 50 años!
www.tfhpublications.com

Contenido

El Comienzo

El Adiestramiento

Los perros necesitan ser adiestrados. Su perro no sabe automáticamente como debe comportarse, necesita reglas. Una vez que el perro aprenda estas reglas le será más fácil pasar a formar parte de la familia. Al enseñarle estas reglas, está asegurando que su convivencia sea más armoniosa.

¿Por qué es Importante el Adiestramiento?

Cuando decidió ser dueño de un perro, usted posiblemente lo que quería era un amigo y un compañero. Quizá quería un perro que lo acompañase a dar un paseo, que corriese al lado suyo o que jugara con sus hijos. O quizá usted pensó en dedicarse al cuida-

do de perros profesionalmente. Para hacer cualquiera de estas cosas el perro necesita ser adiestrado.

El adiestramiento es importante porque transformará a un perro inquieto en uno dócil. Un perro que ha sido adiestrado no ataca a la gente, no sale de casa sin permiso ni le da la vuelta al cubo de la basura.

Todos los perros necesitan a alguien que les diga lo que tienen que hacer. Tienen que ser entrenados. No es justo dejarles que ellos descifren el mundo humano sin ninguna ayuda, no serán capaces de hacerlo.

El entrenamiento es una parte esencial para el dueño de un perro. Con un entrenamiento riguroso, su perro aprenderá el comportamiento adecuado y pasará a ser uno más de la familia.

Usted también se beneficiará del adiestramiento, porque aprenderá como motivar a su perro, como prevenir problemas de comportamiento y como corregir errores. El adiestramiento implica mucho más que el típico siéntate, ven, levántate, es la manera como el perro se va a comportar de ahora en adelante. Usted pone las reglas y su perro las sigue.

En primer lugar, usted debe decidir exactamente lo que quiere conseguir con el adiestramiento. Usted probablemente querrá que su perro sea dócil y tranquilo cuando esté con gente y que tenga buenos modales cuando esté en público. ¿ Le gustaría participar en deportes y actividades con perros? La diversión que usted puede tener con su perro no tiene límites. Decida que es exactamente lo que quiere hacer y empiece un entrenamiento riguroso para conseguir estas metas.

Una opción es encontrar un entrenador profesional para que le ayude. Si decide llevar a su perro a una clase de adiestramiento debe buscar a un entrenador que sea bueno y que entienda a su perro.

Métodos de Entrenamiento

Entrenadores de perros son personas especializadas en entrenar perros. Instructores de perros son personas que se encargan de enseñar al dueño como entrenar o adiestrar a su perro. Existen miles de entrenadores y cada uno de ellos tiene su propia técnica. Los métodos se basan en la personalidad del entrenador, la manera de enseñar, la experiencia y filosofía que tienen sobre los perros. Un método puede funcionar para un entrenador y fallar para otro.

Como existen tantas técnicas, estilos y métodos diferentes, elegir un instructor puede ser difícil. Es importante entender algunos de los métodos para así realizar la decisión adecuada.

Existen muchos estilos de entrenamiento. Elija el que crea más adecuado.

Entrenamiento Compulsivo

El entrenamiento compulsivo es un estilo basado en la corrección agresiva y forzada para que el perro obedezca. Se usa mucho con perros entrenados para el rastreo de drogas, armas, explosivos etc. Esta técnica no es la correcta en la mayoría de los casos y los dueños de perros la consideran muy cruel.

Entrenamiento Persuasivo

El entrenamiento Inducido o persuasivo es exactamente lo contrario del entrenamiento compulsivo. En lugar de ser forzado a hacer algo, el perro es persuadido o motivado hacia el comportamiento adecuado.

Dependiendo del instructor, se corrige muy poco o no se corrige. El entrenamiento inducido funciona muy bien con la mayoría de los cachorros, perros no agresivos y dueños a los que no les gusta corregir.

Desafortunadamente, el entrenamiento persuasivo no es siempre la técnica correcta porque el perro que es inteligente y tiene personalidad dominante se aprovecha de la poca disciplina. Entones, ellos mismos marcan sus propias reglas y éstas pueden que no sean las que usted considera correctas.

Si usted no tiene tiempo para entrenar a su perro, consiga un entrenador profesional para que haga el trabajo.

En el Medio

La mayoría de los entrenadores usan un método que está en el medio de estas dos técnicas y el método de persuasión es usado siempre que sea posible. Obviamente, es difícil de medir, algunos entrenadores usan corrección más a menudo y otros lo menos posible.

Cómo encontrar un Instructor o un Entrenador

El mejor lugar para encontrar un buen instructor o entrenador es una recomendación.

Si usted admira el perro de su vecino porque se comporta muy bien, pregúntele donde lo entrenó. Llame a su veterinario, vaya a una tienda donde venden mascotas y pregúnteles si podrian hacerle alguna recomendación. Tome nota sobre las recomendaciones.

Hágale preguntas al entrenador antes de dejarle trabajar con su perro. Tambien, pida observar una de las sesiones de entrenamiento.

¿Qué es lo que a la gente le gusta o no le gusta sobre un entrenador en particular? Usted quiere una persona con experiencia que sepa como desenvolverse si algo sucediera. Sin embargo, la experiencia solamente no es suficiente. Algunas personas que han sido entrenadas hace años aún usan los mismos métodos y no han aprendido técnicas nuevas. Sería bueno que el entrenador que usted elija conozca el tipo de perro que usted tiene, la personalidad y el temperamento de esa raza y debe saber todo lo referente a ella. Si al entrenador no le gusta la raza de su perro, usted debe buscar a otro que sí le guste.

Un buen entrenador pertenecerá a una organización profesional de entrenamiento. La organización de Pet Dog Trainer (APDT) y la National Association of Dog Obedience Intructors (NADOI) son las más recomendables. Estas dos organizaciones publican un boletín informativo para compartir información, técnicas y desarrollos nuevos con sus miembros. Los instructores que pertenezcan a estas organizaciones están más al día en lo referente a técnicas y estilos de entrenamiento y saben más sobre razas específicas.

Una vez que usted tenga una lista de los entrenadores que le recomendaron, empiece por llamar a cada uno de ellos y hágales preguntas como:

- ¿Cuánto tiempo lleva usted dando clases?
- ¿Qué piensa sobre la raza de mi perro?
- ¿Qué métodos de entrenamiento usa?
- ¿Pertenece usted a alguna organización profesional?
- ¿Podría visitar sus clases y observarle mientras enseña? (no debe haber motivo alguno por el que usted no pueda observar las clases, si el instructor no está de acuerdo en que observe la clase, táchele de la lista)

Cuando vaya a ver la clase, hágase estas preguntas:

- ¿Podría dejar que este instructor entrenara a mi perro?
- ¿Cómo se comporta con el perro?
- ¿Están relajados y se ve que están disfrutando el uno con el otro?
- ¿Está el perro poniendo atención al instructor?

Si no está seguro si se siente cómodo con un instructor en particular siga haciendo preguntas. Usted le va a pagar por un servicio y debe estar seguro con su decisión.

Equipo de Entrenamiento
Correas
La correa es muy importante no sólo para el adiestramiento sino

Trabajan por Comida

La comida puede ser uno de las armas más importantes y efectivas en el adiestramiento. Cuando el perro tiene hambre, siempre está atento y dispuesto a obedecer. Una golosina puede ser todo lo que necesita para aprender la orden de sentarse, la orden de venir y para que camine a su lado atado. La comida también establece una posición dominante con el perro. Si usted hace que su perro se siente o espere antes de ponerle la comida, reconocerá que usted es el que manda.

para la protección de su perro. Un perro sin correa puede ser peligroso cuando está alrededor de gente tanto como para si mismo. La correa le dará el control que necesita para empezar a trabajar con su perro. Existen muchas clases de correas, las hay de nylon, algodón, retractables, y de cadenas. Sin embargo, muchos entrenadores creen

que una correa de 6 pies, que sea de cuero es la correcta para el adiestramiento. Estas son un poco más caras, pero vale la pena invertir en ellas.

Otra correa útil es la de 30 pies. La longitud de la correa le ayudará a establecer control con la distancia y también ayudará a frenar a perros que quieren escaparse. Sin embargo, es mejor que el perro aprenda las órdenes de obediencia con la correa más corta antes de trabajar con la más larga porque es fácil enrollarse en ella.

Su perro debe acostumbrarse a llevar puesto el collarín cuando esté en público.

Collares

Le debe poner a su perro

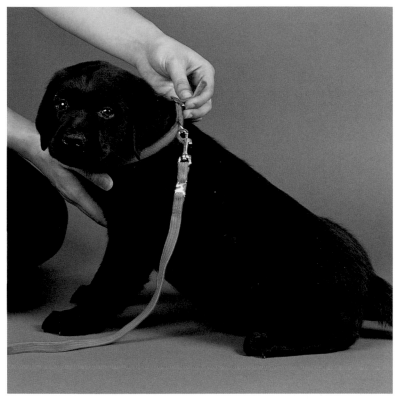

Revise el collar del cachorro para estar seguro que no está demasiado apretado.

un collar todos los días bien sea de nylon o con hebilla, y para las lecciones de entrenamiento, uno de hebilla plana. Estos collares no causan dolor. Cuando se combinan con técnicas positivas, el uso de un collar de hebilla plana le dará los resultados deseados y finalmente mejorará la relación entre usted y su perro.

Elija un collar que se ajuste al cuello de su perro – no debe estar demasiado ajustado o demasiado flojo. Si está adiestrando a un cachorro compruebe continuamente que no esté demasiado apretado.

Área de Entrenamiento

Lo mejor es elegir un área alejada del ruido y sin distracciones. El adiestramiento requiere mucha concentración de su parte y de parte

Las sesiones de entrenamiento deben de ser divertidas para usted y su perro.
Empiece y termine cada sesión con una aptitud positiva.

de su perro, por lo tanto no compita por su atención con sus hijos, sus vecinos, otras mascotas o la televisión. Además, permita que su perro se familiarice con el área y que explore un poco antes de empezar el entrenamiento. De esa manera se concentrará mejor en las lecciones.

La actitud Correcta

Siempre empiece sus sesiones de adiestramiento con la actitud correcta. Elogie a su perro cada vez que haga algo bien y utilice enseguida una recompensa para reforzar el adiestramiento. Antes de empezar la lección, juegue un rato con él para que se relaje y esté más alerta durante el entrenamiento. Siempre termine la lección con un juego, y no se olvide de alabar al perro, esto hará que aumente su estima y esperará con anticipación las lecciones de entrenamiento.

Convivendo con su Perro

Una de las cosas más importantes que un perro debe aprender para vivir en una casa es el adiestramiento. Esto permite que su perro viva dentro de su casa con su familia y que sea un miembro más de ésta. Muchos perros son regalados o abandonados porque los dueños dicen que no pueden entrenarlos para vivir en casa, sin embargo, la mayoría de los perros que son saludables pueden ser propiamente entrenados. No se desmoralice con su perro, si sigue las reglas y los horarios, su perro será entrenado fácilmente.

Como cualquier otro tipo de entrenamiento, usted necesita ser constante y firme, y tiene que hacerle saber al perro cuando está haciendo las cosas bien, en ese momento. Si usted no corrige a su perro en el momento en que hace algo que usted no desea, el perro no entenderá lo que usted está intentando hacer y será incapaz de conectar una orden con un regaño.

Su perro no entenderá si usted le corrige por algo que hizo horas o minutos antes. Debe de corregirlo en el momento que se realiza el acto, es la única manera de entrenarlo. Si usted cree que el perro quiere salir (si se está estirando, oliendo, arañando) pídale que pare y sáquelo inmediatamente. Si usted llega a su casa y se encuentra todo desordenado, simplemente ordénelo y espere la oportunidad de mostrarle al perro el comportamiento apropiado.

Insultos

Nunca use el nombre de su perro de una manera negativa, especialmente cuando le está corrigiendo. Si lo hace, el perro empezará a asociar su nombre con el castigo, y no responderá a su llamada de una manera positiva. Esto es principalmente importante cuando esté entrenando a su perro y le enseñe las órdenes básicas, como por ejemplo ¡ven! (cuando usted le llame).

Puntos Importantes para la Convivencia.
Supervisión

Cuando el perro vive en casa, tiene que limitarlo a un espacio pequeño, como por ejemplo en una caja o un rincón de la cocina o el baño (que no tenga alfombra, por si ocurre un accidente que se pueda limpiar fácilmente) esto servirá como su casa temporalmente. Poco a poco se acostumbrará a su espacio. (No lo deje en el garaje o en un lugar poco transitado, se sentirá abandonado.)

Restringir al perro a una caja o cajón puede parecer cruel pero no es así. Al perro le acabará gustando y llegará a sentirse como en un palacio. Muchos dueños de perros tienen una caja aún cuando el

Rápido y fácil de guardar

Tener una caja es muy importante para el adiestramiento. Cuando es usada correctamente, puede llegar a ser como un segundo hogar. Sin embargo, ésta puede ocupar demasiado espacio, por eso Nylabone® Fold-Away Pet Carrier® es tan práctico. Es una clase nueva de caja portable que es lo suficientemente fuerte para viajes aéreos, y es más, se puede plegar y ser guardada debajo de la cama o en un armario.

perro ha sido entrenado. Puede dejar la puerta abierta y así el perro puede entrar y salir. De esta forma el perro siente que tiene un sitio especial donde esconderse y pasar un rato tranquilo.

Si usted usa este método de confinamiento, entrenar a su perro para que viva en su casa será fácil de conseguir. En lugar de ser algo inhumano, esto le ayudará a convivir con su perro en armonía durante años venideros.

Elogiar

Al igual que los otros métodos de entrenamiento, el elogio es muy importante. Cuando su perro haga sus necesidades fuera de casa, célebrelo (sí es para celebrar el que no se haga las necesidades dentro de casa) Elogie a su perro, mírelo a los ojos y

Elogie a su perro por hacer sus necesidades en el lugar adecuado. Palabras cariñosas y una golosina ayudarán a reforzar este comportamiento.

Convivendo con su Perro

17

dígale lo orgulloso que está de él. Es importante que su tono de voz denote felicidad. Los perros quieren hacer felices a sus dueños. Si entiende que haciendo sus necesidades fuera de casa le agrada a usted, él seguirá haciéndolo.

Horario para la comida

Para entrenar a su perro a vivir en casa, usted debe darle siempre la misma marca de comida de perro y a la misma hora. Si la comida no le sienta bien o come demasiado, puede tener excrementos blandos, diarrea, o puede hacerle orinar en exceso, problemas que podrían estropearle el entrenamiento antes de empezar.

Déle a su perro una marca que le siente bien al estómago. No cambie la marca repentinamente. Déle la misma clase de alimentos que comía en el hogar anterior. Si usted desea cambiar la marca de la comida, hágalo gradualmente, mezclando la comida nueva con la que el perro está acostumbrado a comer, hasta que se le acostumbre el estómago. Es importante seguir una rutina: comer, caminar, y asear al perro a la misma hora todos los días.

Los perros deben comer adecuadamente, comidas nutricionales; sin embargo, si nota que deja comida en el plato, esto significa que la cantidad es excesiva, debe de cambiar la ración. También, si está haciendo sus necesidades frecuentemente, significa exactamente lo mismo.

Como ya dijimos, el estómago de los perros es muy sensible, por lo tanto no deje que coma alimentos caseros durante el periodo de entrenamiento ni que se salte el horario. Nunca deje comida o bebida en el suelo durante todo un día. Cuanto más coma y beba, más fácil es que haga sus necesidades donde no debe.

Horario de Salida

Los perros que no están adiestrados para vivir en el hogar deben de salir frecuentemente. Cuanto más fácil sea para su perro salir, menos probable será que cometa un "accidente" dentro de casa. Si tiene un horario para salir y lo sigue al pie de la letra, notará el progreso que el perro está haciendo. Todas las personas y familias

Poner un horario al perro le ayudará a reconocer cuando su perro necesita salir para hacer sus necesidades. Cualquier cambio en el horario puede hacer que le perro cause accidentes en casa.

Convivendo con su Perro 19

Si su perro no está entrado para vivir dentro de casa, requerirá mucho tiempo fuera para que no cause accidentes.

Toque la campana

Los perros aprenden muy rápidamente como llamar su atención cuando quieren salir. Desafortunadamente, también aprenden malos hábitos como ladrar, saltar, lloriquear o arañar la puerta. Usted debe corregir al perro y enseñarle como conseguir que usted le ponga atención. Cuelgue una campana en la puerta trasera y úntela con algo rico, un poco de queso por ejemplo. Cada vez que saque a su perro para hacer sus necesidades, déjelo que lama el queso haciendo así sonar la campana. Toque la campana cada vez que deje salir al perro. La acción de salir será asociada con el sonido de la campana y algo rico.

tienen rutinas diferentes, no existe el horario perfecto para nadie. Nada más esté seguro de seguir el horario que usted imponga y que sea un horario que se acomode a su estilo de vida.

Su primera prioridad en la mañana es sacar al perro. Una vez que el perro se acostumbra a salir esperará esta hora con deleite. También aprenderá rápidamente a leer los movimientos de su perro. Cuando note un movimiento de emergencia, no espere. El perro normalmente no puede controlarse.

Lo siguiente es el ejemplo de un horario que puede funcionar para usted y su familia. Recuerde que cualquier horario funciona si usted le da a su perro la atención necesaria.

7:00 am– Sacar al perro (si su perro es un cachorro, quizá tenga que sacarlo más temprano ya que puede ser difícil aguantarse toda la noche). Después que haga sus necesidades, hágale elogios y llévelo dentro. Póngalo el desayuno, y un poco de agua, después sáquelo de nuevo.

8:00 am– Salga a jugar con su perro durante unos minutos antes de irse a sus quehaceres. Antes de irse a trabajar, póngale en la caja o enciérrelo en un sitio seguro y déle una golosina y un juguete.

12:00 pm– Si es posible regrese a su casa a la hora del almuerzo, saque al perro de la caja y llévelo para que haga sus necesidades. Aproveche el tiempo para hacer ejercicio y jugar con él. Si usted u otro miembro de su familia no puede hacerlo, busque a un vecino (un anciano o una mamá que no trabaje) para que le ayuden.

3:00 pm–Si tiene hijos adolescentes, pídales que tan pronto como regresen de la escuela saquen al perro, lo lleven a pasear y jueguen con él. Después de jugar permita que el perro se quede con su hijo mientras hace la tarea o mira televisión. Si no tiene hijos, usted puede pagar a un joven para que saque al perro a pasear.

6:00 pm–Si acaba de llegar a casa y su perro ha estado cerrado durante horas, sáquelo para que haga sus necesidades y juegue. Déle de comer después de que usted tome su cena y sáquelo de nuevo.

8:00 pm– Después de pasar tiempo con su familia incluyendo a

Observe a su perro y aprenda a reconocer los movimientos de la cola, son signos de que necesita salir. Dar vueltas y ladrar puede significar que necesita defecar.

Fácil & Rápido Entrenamiento para Perros

De vez en cuando ocurrirá algún accidente. Nunca le grite a su perro a menos que le pille en el acto.

su perro, encárguese del aseo de éste, cepille su pelo y sáquelo otra vez para que haga sus necesidades.

11:00 pm– Saque al perro una última vez antes de irse a dormir. Si usa una caja, recuerde que el perro no debe quedarse dentro por más de tres o cuatro horas, excepto por la noche. Además, necesita salir al despertarse, después de comer, después de jugar, y cada tres o cuatro horas.

Ocurrirán "accidentes"

Recuerde, si el perro tiene un accidente, significa que no ha sido

Sea constante

Cuando esté entrenando a su perro para vivir en casa, no deje que los logros se le suban a la cabeza. Unas semanas sin cometer ningún error no significa que su perro esté completamente entrenado, significa que la rutina está funcionando. Siga con el horario durante el tiempo que sea necesario. Un horario normal ayudará al perro durante toda su vida.

Si el perro se hace las necesidades en casa, límpielo enseguida con un neutralizador de olores, que puede comprar en una tienda de mascotas. También puede frotar el área con una mezcla de un cuarto de vinagre, un poco de detergente y un cuarto de agua templada.

supervisado lo suficiente o no lo ha sacado a tiempo. Si coge a su perro en el acto, no le reprima, simplemente grite ¡No! coja el perro y sáquelo donde pueda terminar de hacer sus necesidades. Elogie al perro por hacerlo en el lugar adecuado. Si lo castiga puede que entienda que hacer sus necesidades es algo malo. Y el perro se esconderá cuando necesite hacerlas y usted encontrará charcos y excrementos en sitios extraños. No se concentre demasiado en las correcciones. Elógielo cuando lo haga en el lugar adecuado.

El entrenamiento para la convivencia en casa es uno de los regalos más importantes que podemos dar a nuestro perro. Les permite vivir con nosotros como cualquier otro miembro de la familia. Al principio habrá problemas pero no se preocupe; con el entrenamiento adecuado y mucha paciencia, todos los perros pueden ser entrenados para vivir en el hogar.

Entrenamiento Básico Para Un Buen Comportamiento

Puede empezar a entrenar a su perro tan pronto como se sienta cómodo con usted y tenga un nombre. Hay dos cosas muy importante que debe recordar cuando esté entrenando a su perro: haga el entrenamiento en un lugar tranquilo apartado de cualquier distracción y mantenga las sesiones cortas. Eliminar cualquier distracción es importante para la concentración del perro. Esto no será posible si hay gente alrededor, perros, mariposas o pájaros con los que jugar. Debe recordar que si está trabajando con un cachorro o un perro pequeño, su concentración es muy corta. Sin embargo, puede dar a un cachorro más de una clase al día, se recomiendan tres clases como máximo, haga las clases breves. Si las clases son

La orden de venir es la mas importante de todas las órdenes. Puede llegar a salvar la vida de su perro en una situación de peligro.

demasiado largas, corre el riesgo de que el perro se aburra y termine la sesión desganado, lo cual no es muy conveniente.

La Orden de Venir

La orden de venir es posiblemente la más importante, hasta esta orden puede salvarle la vida a su perro algún dia. Asegúrese que su perro se acerque a usted inmediatamente después de llamarlo, aunque haya alguna distracción o algún peligro cerca. Enseñar a su perro a acercarse cuando lo llaman va a ser el mejor regalo que usted

Cerca de Usted

La manera más fácil de enseñar la orden de venir es tan pronto como lleve a su perro a casa. La mayoría de los perros se sienten un poco inseguros y querrán estar lo más cerca posible de usted. Aproveche esta situación. Cada vez que el perro se le acerque, diga "Ven" y elógielo. El perro aprenderá a asociar la acción con las palabras y a la vez demostramos que tenemos dominio sobre él.

puede hacerle. Nunca llame al perro para gritarlo o reñirlo, así nunca aprenderá a responder correctamente. Cuando el perro se acerque a usted, siempre sea cariñoso. Si su perro escucha palabras cariñosas, va a responder con más ganas.

Empiece con una distancia larga (como de 30 pies de largo) y tenga en el bolsillo suficientes golosinas que a su perro le gusten. Entre otras cosas puede darle trocitos de salchichas, pedazos de queso, o rodajas de carne cocinadas pero no le dé madasiado. Camine un poco y diga "ven Trixie". Siempre use una voz calmada y agradable. Su perro se le acercará de buena gana. Si no es así, vuelva a llamarlo con voz suave hasta que el perro se acerque. Nunca deje que el perro lo ignore cuando lo llama. Déle golosinas cuando se acerque. Siempre mantenga la distancia entre usted y el perro hasta que le obedezca.

La Orden de Sentarse

Como casi todos las órdenes básicas, su perro aprenderá ésta en unas pocas lecciones. Una lección de 15 minutos al día será suficiente. Algunos entrenadores recomiendan no pasar a la orden siguiente hasta que la anterior haya sido aprendida. Sin embargo, un perro inteligente es capaz de aprender más de una orden en una lección o en un día. Siempre termine las lecciones de una forma positiva y estimulante.

Enseñarle a su perro a sentarse puede llevarle algún tiempo. Tenga paciencia.

Existen dos maneras de enseñar la orden de sentarse. Primero, elija una golosina que a su perro le gusta, póngala cerca de su nariz, para que toda su atención esté en la golosina. Levante la golosina por encima de su cabeza y dé la orden de sentarse. El perro va a fijar la mirada en la golosina y automáticamente se va a sentar. Déle la golosina y no se olvide de elogiarle. Después de unas cuantas veces el perro empezará a asociar la orden "siéntate" con la acción. La mayoría de los perros aprenden rápido. Poco a poco, elimine las golosinas para que aprenda a reaccionar simplemente con la orden y los elogios como recompensa.

Sin embargo, hay algunos perros que son más tercos que otros, y hace falta practicar más para que aprendan. Si su perro no se sienta cuando la golosina está por encima de su cabeza, colóquele una mano en el cuarto trasero y la otra sujetando el collar, y dé la orden de nuevo, empujándolo suavemente para que se siente. Hágale elogios y déle una recompensa. Repita esto unas cuantas veces hasta que el perro obedezca.

Cuando el perro entiende la orden y obedece rápidamente, dé un paso hacia atrás para así estar unos pies separado del perro. Si el perro se le acerca, simplemente colóquese en la posición anterior. No deje al perro sentado por mucho tiempo, unos segundos pueden ser demasiado tiempo para un cachorro o un perro impaciente y lo que usted no quiere es que el perro se aburra con las lecciones.

La Orden de Esperar

Esta orden se debe enseñar seguida de la orden de sentarse, pero puede ser difícil de entender para algunos perros, especialmente los cachorros. Recuerde que su perro quiere estar a su lado, por lo tanto es difícil que se quede sentado mientras que usted se aleja. No espere que el perro se quede sentado por más de unos segundos, gradualmente vaya alargando el tiempo.

Colóquese de frente al perro y dé la orden "siéntate". Dé un paso atrás y vuelva hacer lo mismo de nuevo. Como ayuda puede usar un movimiento con la mano coloque su mano extendida hacia la nariz del perro. Deje que el perro se quede en esa posición durante unos minutos solamente y dé la orden de venir "ven" elógielo y déle una recompensa. Una vez que el perro entienda, repita la orden esta vez separándose un poco más del perro y si el perro se le acerca, vuelva a empezar. Aléjese más y más cada vez que repita la orden.

La orden de quedarse debe de enseñarse después de la orden de sentarse. Haga señales con la mano para reforzar esta orden.

Cuando el perro se quede sentado por un rato, camine dándole la espalda. Cuando note que el perro va a levantarse y a seguirle, dé la vuelta y dé la orden "Siéntate" y repita de nuevo todo el proceso.

Según van pasando las semanas, incremente el tiempo que el perro se queda sentado. Dos o tres minutos es suficiente para un perro pequeño. Si el perro se tumba porque se siente más cómodo, déjelo. Al principio lo importante es que se quede en un mismo lugar.

La Orden De Tumbarse

Para el perro la orden de echarse es la más difícil de aceptar. Aceptar esta orden significa someterse al dueño. Un perro tímido dará vueltas en el suelo, esto es un gesto de sometimiento. Un perro más atrevido se levantará e intentará escapar para no someterse. El perro piensa que va a ser castigado, ya que ésta es la posición de castigo en un entorno natural. Una vez que el perro entienda que no va a ser castigado sino que cuando se tumba recibe recompensas, aceptará esta posición.

Usted notará que algunos perros aprenden la orden de sentarse muy rápido, pero responden a la orden de tumbarse más lentos. Es una manera de expresar que obedecerán pero no por voluntad propia.

Existen dos maneras de enseñar la orden de tumbarse. Con un cachorro o un perro pequeño, es más fácil enseñar la acción cuando usted se arrodilla a su lado. Con perros más dóciles, este método funcionará: Haga que el perro se siente y coloque una golosina enfrente de su nariz. Cuando toda la atención está en la golosina, baje la golosina despacio hasta llegar al suelo, ordenando que se tumbe. El perro seguirá la dirección de la golosina con la cabeza. Coloque la golosina enfrente del perro, naturalmente empezará a estirarse hacia delante y tumbarse. Elógielo y déle una recompensa.

La orden de echarse es quizá la mas difícil de aprender. Posiblemente porque es una posición de sometimiento.

Agacharse no es lo mismo que Tumbarse

No confunda al perro diciéndole que se agache cuando en realidad lo que quiere que haga es que se tumbe. Siempre use las órdenes de obediencia correctamente.

Si el perro no se tumba (y la mayoría se resistirán), puede intentar este método: Una vez que el perro esté sentado, sujete las patas delanteras, y suavemente muévalas hacia delante, a la vez que da la orden "túmbate". Rápidamente presione los hombros con la mano izquierda. Elógielo y déle una recompensa. Repita esta acción dos o tres veces. El perro aprenderá con unas cuantas lecciones. Recuerde que esta acción es muy difícil para el perro.

La Orden de Talonear

Enseñarle al perro a caminar junto al dueño es una parte fundamental del adiestramiento y una obligación importante si desea salir a la calle con él. La orden de talonear debe seguir al entrenamiento con la correa. Esta orden es más fácil enseñarla si tiene una pared o una valla a un lado de donde está haciendo el entrenamiento porque restringirá los movimientos del perro, de esta forma nada más tiene que concentrarse en adelante y hacia atrás. Escoja un lugar sin distracciones para explicar esta lección.

¡Sin Tirar!

Si su perro se pone nervioso cuando está atado con la correa, no lo jale. El perro siempre debe acercarse a usted voluntariamente. Si el perro se da cuenta que usted está tirando de la correa, perderá el control que ya tiene ganado. En ese caso, no le queda más remedio que volver a adiestrarlo correctamente y ordenarle que se coloque a su lado.

Si el perro está teniendo algún problema aprendiendo alguna de las órdenes, simplemente colóquelo en la posición deseada y dé la orden.

Use una correa de aproximadamente 6 pies de largo. Puede ajustar la distancia entre usted, su perro y la pared. También es recomendable tener una golosina en la mano para que así el perro se concentre en usted y se quede a su lado.

Sujete la correa con la mano derecha y pásela a la izquierda. Cuando el perro va hacia delante y tira de la correa, deje de caminar y de la orden "aquí". Déle una golosina para que se vuelva a colocar a su lado. Cuando el perro está en la posición correcta, elógielo y empiece a caminar. Repita el ejercicio una vez más. Una vez que el perro empieza a entender, puede usar la mano izquierda (con la golosina dentro de ésta) tóquese la rodilla para que el perro camine a su lado.

Cuando el perro entiende lo básico de esta orden, mézclelo con las otras órdenes para que se concentre más y a la vez practica. Dé una vuelta en la dirección opuesta. El perro le seguirá, tóquese la rodilla y diga "aquí".

Cuando se coloque a su lado, elógielo. Muy pronto empezará a asociar ciertas palabras con ciertas acciones.

Una vez aprendida la lección y el perro permanezca a su lado, camine un poco más rápido y el perro seguirá pegado a su talón. Las caminatas más lentas son las más difíciles para los cachorros porque son más inquietos. Termine la lección cuando el perro esté caminando tranquilamente a su lado.

Cómo Enseñar Trucos

Hacer trucos puede ser muy divertido, se empieza con el adiestramiento básico. Antes de que pueda ser adiestrado para hacer trucos, el perro debe de estar adiestrado en todas las órdenes de obediencia. Al estar ya entrenado es más fácil enseñarle trucos. Los trucos son como cualquier otro entrenamiento: las reglas para conseguirlo son repetición, corregir en el momento de la acción, y elogiar continuamente.

Dar la Mano

Haga que el perro se siente en frente de usted y diga "dame la pezuña" o "dame la mano" Agáchese, toque suavemente la pezuña y levántela.

Un Mal Día

Si encuentra algún problema es porque el perro aún no entiende las órdenes, quizás las lecciones son demasiado largas y está aburrido o está teniendo un mal día. Si no se concentra, déjelo para otro momento. Juegue con él y elógielo.

Repita los pasos unas cuantas veces. Pronto se dará cuenta que el perro instintivamente levanta la pezuña. Finalmente, el perro levantará la pezuña cuando usted se lo ordene.

Saludar

Para que el perro aprenda este truco, debe de haber sido entrenado a dar la mano. El perro debe estar sentado mirándolo a usted.

Una vez que el perro aprendió las órdenes básicas, puede empezar a enseñarle trucos y un entrenamiento más avanzado.

Darse La Vuelta

Es divertido enseñarle al perro a darse la vuelta, eso si, cuando haya aprendido a tumbarse. Cuando esté tumbado, ponga una golosina enfrente de él, y cuando esté fijamente mirando la golosina, mueva la mano hacia el lado opuesto diciendo "Date la vuelta" Tendrá que dar unas cuantas vueltas hasta que aprenda, pero no tardará mucho en darse la vuelta cuando usted se lo pida.

Estire su mano y pídale que le dé la pezuña, entonces déle su mano con la palma abierta. Cuando el perro levanta la pezuña cuando se lo ordena, sacuda su mano hacia atrás rápidamente. Repita "dame la pezuña" mientras que el perro levanta la pezuña para dársela. Cuando esto ocurra, diga "saluda" y repita esta acción las veces que sean necesarias hasta que aprenda y pueda hacerlo cuando usted se lo ordene.

Hablar

Para este truco, necesita su golosina favorita como recompensa, por ejemplo un pedazo de hígado y un pedazo de queso. Enséñele la golosina y muévala de un lado para otro y diga "habla". La mayoría de los perros ladrarán. Cuando ladre, déle la golosina, elogiándolo al mismo tiempo.

Levantarse

Este es un truco que puede ser difícil para algunos perros porque necesitan elasticidad física. Sin embargo, razas de perros pequeños como Westies, Bostons and Scottties, son muy ágiles para hacer este ejercicio.

Comience con colocar al perro sentado enfrente de usted mientras está atado con la correa. Tire de la correa hacia arriba y diga

Levantarse cuando está sentado es más difícil para unas razas que para otras. Las razas más pequeñas son expertas en esta posición.

"levántate", suelte la correa y muévase un poquito hacia atrás. Si el perro se queda levantado, elógielo; si no, repita la acción hasta que la aprenda.

Los trucos pueden hacer que el adiestramiento de obediencia sea más divertido. También podrá presumir de perro con sus amigos.

Problemas
Perrunos

Los perros, son perros. A veces, consideramos un mal comportamiento "un problema" pero no es nada más que algo natural. Ladrar, escarbar, y saltar son instintos innatos del perro. Usted debe enseñarle el modo en que se debe comportar en casa. El perro no nace sabiendo.

Los perros, especialmente los cachorros, tienen mucha energía y van a hacer travesuras, usted tiene que enseñarle como usar esa energía de una manera positiva. Cuando los perros están aburridos e inquietos van a buscar algo en que entretenerse, como escarbar en su macetero o escaparse cuando la puerta está abierta.

Si mantiene al perro ocupado, jugando y haciendo ejercicio, no le va a quedar energía para meterse en problemas.

Problemas de Salud

Si su perro presenta problemas de comportamiento, puede que no sea porque no está bien entrenado. Algunos expertos piensan que el 20 por ciento de los problemas de comportamiento son causados por falta de una buena salud. Los "accidentes" en casa pueden ser causados por infecciones en la vejiga o problemas intestinales, los problemas de tiroides pueden causar hiperactividad. La mala alimentación también puede ser un factor. Morder las plantas del jardín o una madera puede indicar que tiene falta de vitaminas, y los empachos también pueden causar problemas de comportamiento. Antes de empezar el adiestramiento, lleve el perro al veterinario para estar seguro de que no tiene ningún problema de salud.

Hay comportamientos que van a causar problemas en su casa. La buena noticia es que con un adiestramiento adecuado, todo tiene solución.

Ladrar

Algunos dueños les gusta que su perro ladre porque así les avisa de cualquier peligro. Sin embargo, este comportamiento no debe ser fomentado. De todas formas, los perros ladran cuando algún desconocido invade su territorio. Usted no quiere un perro que ladre a cualquier carro que pase por la calle. Esto no es sólo molesto para usted sino también para sus vecinos.

Ladrar puede ser un problema en algunas razas, en otras, una mala costumbre. Si su perro ladra demasiado, debe averiguar cual es la causa. ¿Está llamando su atención o necesita salir? ¿Es hora

Cuando el perro ladra demasiado es signo de aburrimiento, siempre tenga juguetes a mano para que se distraiga.

de comer?¿ Está el perro solo?, ó ¿Es un ladrador protector? Si el ladrido es porque quiere salir, será algo fácil de controlar.

A veces la costumbre de ladrar es algo hereditario, pero la mayoría de las veces es por aburrimiento. Si su perro ladra cuando le deja solo, puede corregirlo fácilmente. Si ladra porque está buscando su atención, ignórelo. Muy pronto entenderá que este comportamiento

Enseñarle al perro que no le salte encima a la gente es muy fácil. Cuando el perro salte retroceda un paso y diga "no." Después de hacer esto unas cuantas veces, el perro se dará cuenta que este comportamiento no es tolerado.

Fácil & Rápido Entrenamiento para Perros

no es aceptable. Si nota que el perro ladra cuando está solo, hay algunas cosas que puede hacer. Antes de salir de casa, saque al perro, déle de comer y póngale agua, también es conveniente que haga ejercicio. Cuando está cansado, probablemente duerma en lugar de ladrar. Déle algo con que jugar mientras usted está fuera de casa. Puede dejar la radio encendida para que le haga compañía. Después de un tiempo, se acostumbrará a estar solo. Cómprele juguetes para morder, como una pelota o un hueso de plástico.

Saltar

Un perro que salta es un perro feliz. Cuando son pequeños es bonito verles saltar pero a muy poca gente le gusta cuando un perro grande les salta encima.

¿Cómo puede corregir este problema? Ordénelo que se siente cada vez que salte. No se olvide de elogiarlo siempre que el perro obedezca. Cada vez que el perro salta y usted no lo corrige, en lugar de ir un paso hacia delante en el entrenamiento, va un paso

Cuando el perro está solo, se aburre y empieza a escarbar. No lo deje solo, póngale mucha atención.

Problemas Perrunos   41

hacia atrás, porque el perro no entiende que puede saltarle a papá pero no puede saltarle a la abuela.

Morder

A todos los cachorros les gusta morder. Si usted lo levanta, notará que le mordisquea los dedos, el brazo, la mano, etc. Corríjale seriamente cuando lo haga.

Los cachorros se mordisquean cuando juegan juntos. Sin embargo, no permita que su perro muerda a nadie, ni siquiera jugando.

Debe tener cuidado con sus hijos, porque a veces juegan agresivamente con el cachorro y aunque el perro tenga dientes de leche, estos dientes son como agujas y pueden hacer daño. Siempre supervise cuando sus hijos jueguen con el perro.

Nunca debe tolerar que un perro grande juegue a mordisquear, puede ser muy, muy peligroso. Si el perro muerde, limpie la

El corral

Si necesita dejar al perro en el jardín sin que cause desperfectos, construya un corral. Coloque una cerca en un espacio suficientemente grande como para que el perro pueda estar cómodo, póngale comida, agua y juguetes. De esta manera el perro puede estar afuera sin que usted tenga que estar constantemente vigilándolo.

Si su perro se escapa, llámelo en un tono agradable a la vez que le da la orden de venir.

herida con agua y jabón inmediatamente y llame a su doctor. Si el perro no es suyo, averigüe si está vacunado contra la rabia. Si su perro muerde a alguien, busque ayuda profesional inmediatamente.

Escarbar

Los perros cuando están aburridos buscan con que entretenerse y una de las cosas que hacen es escarbar. No deje al perro afuera solo durante mucho tiempo, aunque esté en un lugar cercado. Puede sentirse aislado. Al perro le gusta participar en todo lo que usted hace.

Correr

Si su perro está suelto en un lugar cercado no se podrá escapar. Pero existen perros que se las ingenian para escaparse.

Puede que su perro se escape cuando está jugando con él y no responda cuando lo llama. Si el perro no corre peligro, lo mejor es ignorarlo. No lo persiga, porque va a pensar que está jugando con él y correrá aún más. Llámelo suavemente y corra en la dirección opuesta, seguro que el perro comienza a correr detrás de usted. Póngase de rodillas cuando el perro se esté acercando y déle una golosina, así podrá cogerlo sin que se escape de nuevo. Pero cuando finalmente tenga el perro en sus brazos, no le grite sino elógielo por acercarse a usted. Quizá es hora de practicar la orden de venir.

Hasta que el perro responda a la orden de venir sin fallar ni una sola vez, ¡ Átelo con la correa!. Use una muy larga de las que puede soltar y recoger. El perro no sabe lo larga que es la correa y así quedan los dos protegidos. Cuando el perro vaya madurando y perfeccione las órdenes de obediencia, será maravilloso pasar tiempo con él, y responderá cada vez que lo llame.

El Miedo

Uno de los problemas más comunes que los perros padecen es miedo. Algunos perros son más miedosos que otros depende del temperamento, y si están acostumbrados a estar con gente, también su entorno anterior puede ser causa de que sientan miedo. Algunos perros tienen miedo de un objeto extraño, puede ser muy cómico verlo. Actúan como payasos cuando la casa esta patas arriba, este problema se llama inteligencia perceptiva. Se dan cuenta de lo anormal dentro del entorno conocido.

Cuando tienen miedo de la gente, es un problema más serio. Normalmente cuando esto pasa se esconden, se alejan de esa persona o pueden actuar de una manera agresiva con posibilidad de morder. Esto es particularmente peligroso si hay niños pequeños en la casa y el perro se siente agobiado.

Seguramente usted eligió un perro con un temperamento tranquilo. El mejor lugar para un perro que siente miedo, es con adultos ya que ellos van a respetar sus sentimientos . Si su perro es tímido cuando hay gente desconocida a su alrededor, no lo acose, déjelo tranquilo hasta que sienta confianza.

Los perros pueden tener miedo de diferentes cosas, incluyendo ruidos escandalosos y tormentas. Si éste es el caso de su perro, abrázelo y protéjalo. Si su perro ladra a la planta que está en la sala, diríjase hacia la planta, tóquela y diga "no hay nada de que tener miedo"

Agresión

Existen muchos factores que contribuyen a la agresión, por ejemplo la genética y el entorno. Cuando el entorno no es el apropiado, el perro tiene un estilo de vida descuidado, falta de socialización, castigos excesivos o es atacado o tiene miedo, el perro se comportará agresivamente. Cuando el perro está sobreprotegido o es mimado en exceso también puede causarle problemas de comportamiento.

Algunos perros son agresivos, otros son entrenados para que sean agresivos. Déle mucho cariño y atención para controlar la agresividad.

Problemas Perrunos

Falta de atención, miedo y confusión pueden llegar a causar un comportamiento agresivo. Insista en enseñar al perro las órdenes de obediencia, esto lo ayudará a sentirse más seguro y menos confundido. Si su perro muestra signos de violencia, háblele calmadamente y déle una de las órdenes que conoce, por ejemplo, "siéntate". Si el perro obedece, usted le ha mostrado quien es el jefe. Algunos perros son tan agresivos que ni siquiera los dueños pueden controlarlos. Pero con ayuda profesional y mucha cautela, todos los problemas se pueden resolver.

Si usted ha seguido todos los pasos del adiestramiento y aún tiene problemas de comportamiento, no insista. Consiga ayuda profesional lo antes posible, antes de que sea demasiado tarde.

Separación

Hay perros que padecen de ansiedad al separarse de sus dueños. Un error que muchos dueños cometen es preparar al perro con antelación a su ausencia. Esto causa que el perro ladre, llore, y en casos extremos, destruya la casa. Los profesionales recomiendan que no le ponga atención al perro 10 minutos antes de ausentarse y 10 minutos después del regreso. Si usted sale y entra sin armar jaleo, el perro se acostumbrará y lo verá como algo normal.

Resolver los problemas es fácil y rápido

Una buena manera de que su perro no tema cuando usted sale es mantenerlo ocupado con un juguete. Aquí va una sugerencia. Antes de ausentarse, déle a su perro una pelota de la que sale una galleta cuando la rueda por el suelo, como la de Nylabon Crazy Ball®. También puede darle a Rhino® Chew un juguete lleno de mantequilla de cacahuete o queso. Esto le mantendrá tan ocupado que ni se dará cuenta que usted se ausentó.

Al perro no se le debe molestar mientras come. Si se le molesta, empezará a proteger la comida.

Proteger la comida

Si su perro protege la comida ladrando cuando alguien se le acerca, usted debe corregir este problema inmediatamente. En primer lugar, nunca le dé al perro de comer en un entorno congestionado, donde hay niños u otras mascotas. Todo este caos puede ser la causa por la que el perro protege la comida. No permita que sus hijos lo molesten cuando está comiendo.

Para eliminar este problema, deje que el perro coma de su mano, esto le enseñará que no pasa nada cuando usted coge su comida o un juguete porque usted lo devuelve. Haga que el perro trabaje por su recompensa (la comida) dándole órdenes de obediencia. Haga lo mismo si el perro es demasiado posesivo con los juguetes, esto le mostrará que usted es el que manda. Y el problema quedará resuelto.

Orina Infrecuente

La orina infrecuente no es un problema de entrenamiento en la

Saque a su perro para que haga sus necesidades antes de empezar a jugar.

casa, sino un problema psicológico. Puede ocurrir en cualquier raza pero es más común en las más pequeñas. Generalmente ocurre en cachorros y puede que sea porque esperan una recompensa o están nerviosos. A muchos perros se les pasa con el tiempo y reñirles empeoraría el problema. Siempre espere a que su perro orine antes de jugar con él.

Disfrutando Con Su Perro

Una vez que su perro esté completamente adiestrado, hay muchas cosas que puede hacer con él. Casi todos los perros tienen habilidades especiales. Averigüe cual es la habilidad que su perro posee y comiencen a divertirse juntos.

A su perro le encantará jugar con usted y su familia, dará cualquier cosa por acompañarlo a hacer jogging, a caminar, o a montar en bicicleta. Algunas razas como Newfoundlands y Retrievers, son excepcionalmente buenas nadando y pueden ser entrenados para hacer rescates. A otros les gusta caminar, escalar; cualquiera que sea su interés, encontrará un perro que pueda hacerlo.

Como con cualquier tipo de ejercicio es bueno que el perro haga un poco de calentamiento antes de empezar el ejercicio. Por supuesto, no puede esperar que un Chihuahua le acompañe a correr 10 millas. Con los cuidados necesarios, su perro estará en el mejor estado físico, como cualquier otro atleta, y tendrá el mejor compañero de ejercicio.

Cochorros en crecimiento

Si tiene un cachorro, es importante recordar que aún están en proceso de crecimiento; sus huesos están todavía tiernos y quizás no maduren hasta que cumplan el año o un poco más. No someta al cachorro a ejercicios rigurosos hasta que haya madurado o podría causarle un daño permanente.

El Canine Good Citizen® Test

Una buena manera para saber si su perro tiene buenos modales, usted debe entrenarlo para el Canine Good Citizen® Test. El American Kennel Club (AKC) ha desarrollado este programa para animar a los dueños de perros que adiestren a su perro correctamente. Todos los perros de cualquier edad, ya sean de raza pura o mezclados pueden participar en el Canine Good Citizen® Test y conseguir un certificado del AKC, y también añadir el CGC® a su curriculum.

El perro debe completar diez pasos para pasar el examen. Estos ejercicios prueban que el perro es una mascota que a cualquier persona le gustaría tener, y que no es un perro peligroso para los niños. Un gran número de estados han aceptado El Canine Good Citizen® como una ley y también ha sido aceptado en un gran número de países.

The AKC recomienda que los dueños de perros participen en este programa, usted puede averiguar donde están dando el examen en

Entrenar a su perro para el Canine Good Citizen® Test le asegurará que tiene buenos modales y será bien recibido en cualquier sitio.

su área llamando al departamento de animales de su ciudad o al AKC directamente www.akc.org.

Terapia para Perros

No hay nadie más feliz que usted cuando ve que su perro está haciendo reír a alguien, y hay perros que poseen ese don de hacer sonreír a la gente. Poniendo a su perro en una terapia de trabajo hace milagros para aquellas personas que se benefician de la ayuda del perro. Las estadísticas muestran que estas terapias ayudan increíblemente a gente enferma, gente anciana, y a gente que necesita cuidados especiales. Si su perro tiene una personalidad agradable, la terapia puede ser una gran idea tanto para él como para usted.

Perros de Ayuda

Algunos perros pueden ser entrenados para ayudar a gente con

Su perro puede ser entrenado para ayudar a la gente.

discapacidades físicas. Pueden ayudar a los ciegos a desenvolverse por si solos, a los sordos les ayudan a escuchar el teléfono y el timbre de la puerta, y a los inválidos en silla de ruedas ha realizar actividades como abrir la puerta o coger cosas que necesitan. Hay programas especiales para entrenar a estos perros, y programas que ayudan a gente que esté dispuesta a entrenar a cachorros con esta finalidad.

Perros de Rastreo y Rescate

En casi todas las ciudades, hay una unidad canina de rastreo y rescate. Estos perros con sus entrenadores van a zonas donde han ocurrido catástrofes y rastrean para encontrar víctimas y supervivientes. También ayudan a encontrar a gente desaparecida. Este equipo de cuidador/perro viaja largas distancias y gastan tiempo y energía en ayudar al prójimo. Hacen esto por satisfacción personal no por dinero.

Es especial ver a perros y dueños como estos, que hacen lo imposible por ayudar a gente desamparada. Los perros de rastreo y rescate pueden ser de cualquier raza, pero todos tienen algunas cosas en común: son ágiles, tienen un gran sentido del olfato y son muy perseverantes. Conseguir que su perro sea certificado en rastreo y rescate no es fácil. Usted junto con su perro deben pasar rigurosas pruebas similares a las que se encontrarán una vez que empiecen a trabajar. La mejor manera de averiguar como llegar a hacer esto

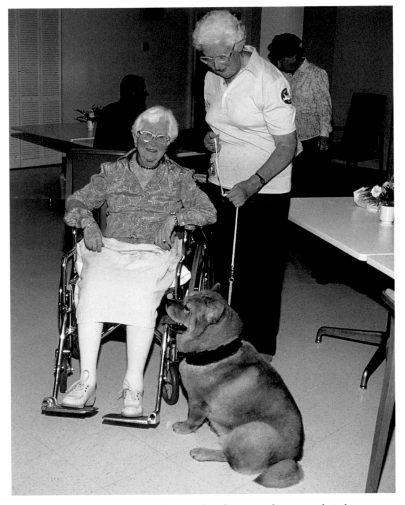

Hay perros que están entrenados para ayudar a sus dueños a abrir la puerta o alcanzar cosas.

Disfrutando Con Su Perro

posible, es llamar al departamento de policía de su ciudad o a una de las asociaciones nacionales y preguntar si existe alguna unidad de rastreo y rescate en su área. La próxima vez que se produzca un desastre, usted y su perro podrán ayudar a gente que lo necesite.

Exhibición

Todos los dueños de perros creen que el suyo es el mejor. Si su perro está registrado en el AKC , es de pura raza y tiene seis meses de edad o más, usted puede exponer a su perro en exhibiciones. En la exhibición, lo más importante es la apariencia física, la estructura y cuanto el perro se asimila a los estándares oficiales de esa raza en particular.

Si quiere dedicarse a las exhibiciones, lo primero que debe hacer es ir a exhibiciones en su ciudad pero sin su perro. Pase un tiempo observando no sólo el comportamiento de la raza sino otras

Para participar en una exhibición, su perro debe estar bien aseado.

características que puedan ayudarlo. Los jueces observan a los perros y los sitúan dependiendo de la similitud al perro ideal descrito en los estándares oficiales de esa raza. Estos jueces son expertos en la raza que están evaluando. Examinan los perros con la mano para ver si los dientes, huesos, músculos y la textura de la piel coinciden con los estándares. Examinan a cada perro por separado y observan cada movimiento para determinar si poseen todos los requisitos.

Existen tres tipos de exhibiciones: Pura Raza, Grupo y Todas las razas. Las exhibiciones de pura raza están limitadas a perros de una raza específica. Las exhibiciones de grupo están limitadas a uno de los siete grupos; por ejemplo, la exhibición del Terrier es sólo para Terrier. La exhibición de todas las razas está abierta a cualquiera de las 140 razas reconocidas por el AKC. La mayoría de los perros que van a exhibiciones, compiten por puntos para un campeonato. Se necesitan 15 puntos, incluyendo 2 puntuaciones altas (3, 4, o 5) de por lo menos tres jueces para pertenecer al AKC Champion Record, lo cual es indicado por sus siglas Ch. antes del nombre del perro.

Las exhibiciones de perros son una experiencia maravillosa. Pero tenga cuidado, no se pique y se haga adicto!

Exhibiciones para jóvenes

Si tiene hijos que estén interesados en entrenar y competir en exhibiciones, pueden empezar en la exhibición para jóvenes. Estas exhibiciones deben ser además de un deporte de familia, un entretenimiento. Se empezaron a celebrar en los años 30 y han aumentado considerablemente desde esa época. En la actualidad es considerada pare de las exhibiciones que se celebran en US y otros países. Es una manera fantástica de enseñar a jóvenes como entrenar, tratar y respetar a sus mascotas, y a la vez aprenden como empezar a participar en las exhibiciones de perros. La participación intensifica la relación entre niños y perros.

Obediencia

Si su perro se comporta como si estuviera en una clase de primaria y le gusta practicar continuamente las reglas básicas de adiestramiento, será muy fácil que aprenda obediencia. La obediencia es un proceso de prueba en la que el perro demuestra la habilidad de realizar una serie específica de ejercicios. El dueño y su perro en equipo califican según su desempeño. En cada ejercicio, debe de ganar más del 50 por ciento de todos los puntos (variando del 20 al 40) y conseguir un resultado total de por lo menos 170 de 200. Cada vez que hacen esto, su perro estará un "leg" más cerca del título. Tres "legs" de cada uno de los jueces y su perro recibirá un título de obediencia.

Olfateando

A los perros les gusta usar la nariz; la usan para comunicarse con gente y con otros perros. Olfateando el perro demuestra su habilidad de reconocer y seguir un olor. Esta actividad es especialmente increíble en los caninos atletas, que tienen una facilidad innata para rastrear olores. Al contrario que en la obediencia, su perro nada más tiene que pasar un examen de rastreo para recibir este título.

Jugar al escondite

Una buena manera de empezar a entrenar a su perro en el rastreo, es jugar al escondite en su casa. Empiece con un juguete que a su perro le guste, por ejemplo una pelota. Primero, guarde la pelota pero deje que el perro vea conde la guarda. Entonces, dígale, "búscala". Después de hacer esto unas cuantas veces, guarde la pelota en otro cuarto sin que el perro vea donde la pone. Puede hacer el juego más difícil usando más de un objeto. Si al perro le gusta jugar al escondite, usted posiblemente tiene en su casa a un rastreador innato.

El examen de agilidad pone a prueba la habilidad que el perro tiene de pasar obstáculos.

Agilidad

La agilidad es uno de los eventos más populares y más divertidos. Fue desarrollado e introducido por John Varley y Peter Menawell en Inglaterra, en 1978, como diversión en los intermedios de las evaluaciones en las exhibiciones de perros. Esta fue oficialmente reconocida como un ejercicio en 1980 por la AKC. La agilidad es un divertido deporte en el que usted guía a su perro con acciones verbales y signos con la mano durante una serie de obstáculos en un tiempo determinado.

Los títulos de agilidad son Novice Agility Dog (NAD), Open Agility Dog (OAD), Agility Dog Excellent (ADX), y Master Agility Excellent (MAX). Para conseguir un título de agilidad, su perro debe recibir tres puntos en cada clase de dos jueces diferentes. El título MAX es entregado cuando el perro ha recibido diez puntos en el Agility Excellent Class.

El único problema cuando entrena a su cachorro para competir en agilidad es encontrar los accesorios y el espacio donde entrenarlo. Muchas organizaciones de agilidad pueden darle información para empezar a entrenar para un título de agilidad. Aunque no compita, entrenar a su perro para que desarrolle agilidad es divertidísimo.

La pelota voladora

¿Tiene usted un perro que tenga vicio con las pelotas de tenis? Si es así, jugar a tirar la pelota voladora puede ser el deporte adecuado para usted. La pelota voladora puede ser un juego entre dos equipos, cada uno con cuatro perros y cuatro dueños. Cada perro tiene un turno corriendo el transcurso de cuatro saltos y una pelota voladora al final de la línea. El perro presiona el pedal en la parte delantera de la pelota voladora. De ésta sale una mano que tira una pelota de tenis al aire. El perro coge la pelota y vuelve corriendo a la línea de salida. Después el segundo perro hace lo mismo. El primer equipo que consiga que los perros terminen el curso completo es el ganador.

Si su perro tiene buena habilidad de tirar y recoger, puede participar en competiciones de Frisbee.

El disco volador

Hay perros que les gusta jugar con Frisbee™, duermen con él, comen con él, y viven para jugar a tirar y recoger el disco. Existen competiciones de tirar el disco Frisbee que dejan que los perros presuman de sus magníficas habilidades. Esto empezó a mediados de 1970 cuando Alex Stein se salió del campo en la mitad de un juego de baseball de los Dodgers y se puso a jugar con su perro, Ashley Whippet. Un sin número de espectadores tuvieron la oportunidad de ver

Hay perros que tienen un instinto innato para excavar.

en televisión el disco volando altísimo y así nació la competición del disco volador.

Tanto perros de pura raza como mezclados pueden competir, pero los perros que sobresalen en este deporte son los de tamaño mediano, delgados y ágiles que pueden saltar en el aire y usan a sus dueños como plataforma de lanzamiento. Otra característica que tienen estos perros es el instinto de seguir la pista y recoger.

Baile al estilo libre

Si le gusta bailar, quizá su mejor pareja no sea un humano sino su compañero de cuatro patas.

El baile al estilo libre es relativamente un deporte nuevo que comenzó en los años 1990. Cualquier perro bien sea de pura raza o mezclado, puede participar en este tipo de competiciones. Puede haber varios perros y parejas o puede bailar sólo con un perro. La creatividad es lo más importante en este deporte y muchas organizaciones celebran este tipo de competiciones.

Excavaciones Subterráneas

¿Le gusta a su Terrier o Dachshund excavar y perseguir conejos en el jardín?. Si es así, usted tiene un candidato para excavaciones subterráneas. Los excavadores de tierra son las razas más pequeñas (pequeños terriers y Dachshunds) que originalmente fueron criados para entrar en alcantarillas y túneles para buscar comida. Se alimentaban de todo tipo de alimañas desde ratas hasta tejones. Existen cuatro niveles para obtener la licencia: Introducción a la Excavación (para principiantes y sus perros) Excavador joven, Excavador adulto y Excavador Experto. El objeto del examen es darle a su perro la oportunidad de mostrar la habilidad de seguir el juego y "trabajar" la presa. El "trabajo" es mostrar interés en el juego bien sea ladrando, excavando o arañando. Las presas pueden ser dos ratas grandes, que deben de estar en jaulas para que estén protegidas de los perros o bien una presa artificial escondida que huela y se pueda mover.

Actividades al Aire Libre

La American Kennel Club lleva a cabo actividades al aire libre en las que pueden participar las siguientes razas, Retrievers, Spaniels,

Existen pruebas de rescate donde el perro muestra esta habilidad.

Las prueba de acorralamiento es ideal para los perros pastores.

Basset Hounds, Beagles, and Dachshunds mayores de seis meses que estén registrados con la AKC. Existen organizaciones que patrocinan estos eventos bajo la mira de la AKC. Si tiene un perro de una de estas razas, es bonito ver como el cachorro desarrolla y muestra sus instintos naturales.

En exámenes de caza, la habilidad del perro es evaluada para determinar si posee las características establecidas en los estándares de la AKC. Los perros que ganan las calificaciones necesarias en una serie de exámenes reciben títulos de JH (Junior Hunter), SH (Senior Hunter), y MH (Master Hunter).

En las actividades al aire libre, los perros compiten por lugares y puntos hacía el campeonato. Los perros que pasan estos exámenes reciben el titulo de FC (Field Champion) delante de su nombre. Los eventos están divididos en grupos y a veces son limitados a una raza específica.

El Perro Pastor

Si su perro pertenece al grupo de los perros pastores (o es un Samoyes o un Rottweiler), podrá notar la habilidad que tiene de dar vueltas, "de acorralar" bicicletas, pájaros, incluso niños. Esta habilidad innata de controlar el ganado puede ser puesta en uso, participando en concursos. Estas pruebas son diseñadas para dejar que el perro demuestre su habilidad en juntar el rebaño. El perro será evaluado para comprobar que tiene las características que requieren los estándares, y competirá con otros perros para posicionarse. El ganado que se utiliza en estas pruebas son ovejas, vacas, patos o cabras. Los títulos que se ofrecen son HS (Herding Started), HI (Herding Intermediate), y HX (Herding Excellent). Después de conseguir el título más alto el de HX, se pasa a la elegibilidad de un campeonato de Ganado. También existen entrenamientos para acorralar ganado a nivel no competitivo y exámenes de instinto que se pueden tomar en la AKC.

Seducción en la Pista

No hay nada más agradable que ver a un perro haciendo algo que

Algunas razas son excelentes para el arrastre. Una vez entrenado, su perro puede ayudarle en las tareas del jardín.

es innato en él, especialmente si el perro es un perro de caza corriendo a toda velocidad. La seducción en la pista es un evento en el que los perros siguen un movimiento artificial alrededor de la pista en un campo abierto.   Son evaluados en velocidad, entusiasmo, agilidad, resistencia, y en su habilidad de seguir la seducción.   Las razas que pueden participar son; Wippet, Basenji, Greyhound, Afghan Hound, Borzoi, Ibizan Haund, Pharaoh Haund, Irish Wolfhound, Scottish Deerhound, Saluki, y Rodesian Ridgeback.

Perros de Trabajo

En muchas partes del mundo, animales de carga como los caballos y las reses no son fáciles de encontrar. Por lo tanto, razas como la Newfoundland, Bouvier des Flandres, Alaskan Malamute, y los Bernese Mountain Dog han sido usados durante miles de años como perros de carga, de deslizamiento y de empuje. Esta raza puede mostrar su talento y resistencia participando en competiciones de deslizamiento y empuje. Si su perro pertenece a esta raza, posee esta habilidad, y desea participar en competiciones, llame a la organización encargada de esta raza y pregunte como puede empezar a entrenar para estos eventos.

Indice

Fotos

Paulette Braun: 14,52 & 53
Isabelle Francais: 1, 3, 4, 5, 6, 7, 10, 12, 13, 15, 17, 19, 20, 22, 23, 25, 26, 27, 29, 30,32, 34, 36, 37, 39, 40, 41 arriba, 41 abajo, 43, 45, 47, 48, 49, 51, 54, 57,58, 59, 60 & 62
Judith E. Strom: 8 & 61